A Kalmus Classic Edition

Jacques

MAZAS

EASY DUETS

Opus 46 & 60

VIOLIN I

K 02159

6 Easy Duets

⊓ = Herunterstrich – *Down bow* – Tirez.
V = Heraufstrich – *Up bow* – Poussez.

VIOLINO I.

D
dimin.
dolce
E
cresc.
Andante. ♩= 132.
dolce
F
dolce
mf
dolce
G
dimin.

VIOLINO I.

Allegretto. ♩= 84.
grazioso
p
H
grazioso
p
f
p
p
mf
f
dimin.
grazioso
cresc.
f
fz
fz
Allegro moderato. 𝅗𝅥= 120.
2.
(1. Position.)
mf
A
f
dolce
f
dolce

B
p
C
f
f
tr
tr
1.
2.
mf
cresc.
f
D
dolce
p
E
fz
fz
dim.
p
mf
F
f
dolce
f
dolce
mf
G
p
cresc.
f
ff

VIOLINO I.

ROMANCE.
Andante. ♩= 80.
dolce
più p
dimin.
pp
Allegretto. ♩= 84.
grazioso
p
H
graz.

VIOLINO I.

I
graz.
cresc.
f
fz
sempre f
f
K
mf
ritard.
a tempo
grazioso
L
cresc. - - - -
f

Allegro grazioso. ♩= 100.
3.
dolce
A
p
dolce
cresc.
f
dim.
B
p
dolce
cresc.
f
C
mf
D
f
dolce
E
f
dolce
F
cresc.
f

G
p
dolce
H
cresc.
I
cresc.
f
p
cresc.
ff
Andante. ♩.= 144.
dolce
I
p
dolce
K
p
dolce
dimin.
pp

VIOLINO I.

AIR DE DANSE.
Allegretto. ♩= 84.

grazioso

p

L

grazioso

f

p

cresc. - - f

M

p grazioso

p

N

cresc. - - - - - - - f

p

grazioso

O

f

grazioso

p

P

grazioso

f

p

cresc. - - f

Allegro risoluto. ♩= 120.
4.
f
sf
sf
A
dolce
B
C
D
E
dolce
dim. p
ff

VIOLINO I.

Andante. 𝅗𝅥 = 120.
dolce
F
p
G
dolce
H
dolce
p
I
p
MINUETTO.
Allegro non troppo. 𝅗𝅥 = 130.
f
dolce
f
f
p
f
K
tr
p
cresc.
f

VIOLINO I.

VIOLINO I.

Allegro moderato. ♩=104.
5.
dolce
A
f
B
p
dolce
C
cresc.
D
f
dolce
dimin.
p
dolce
cresc.
E
f
dimin.
F
dolce
p
dolce
sf
G
f
p
H
dolce

I
K
f
dolce
p
MARCHE.
Moderato. ♩= 69.
fz
Trio.
1.
2.

Allegretto. ♩= 144.
grazioso
p
L
grazioso
p
M
f
p
N
f
dolce
cresc.
f
fz
fz
Allegro moderato. ♩= 116.
6.
dolce
p
f
A
f

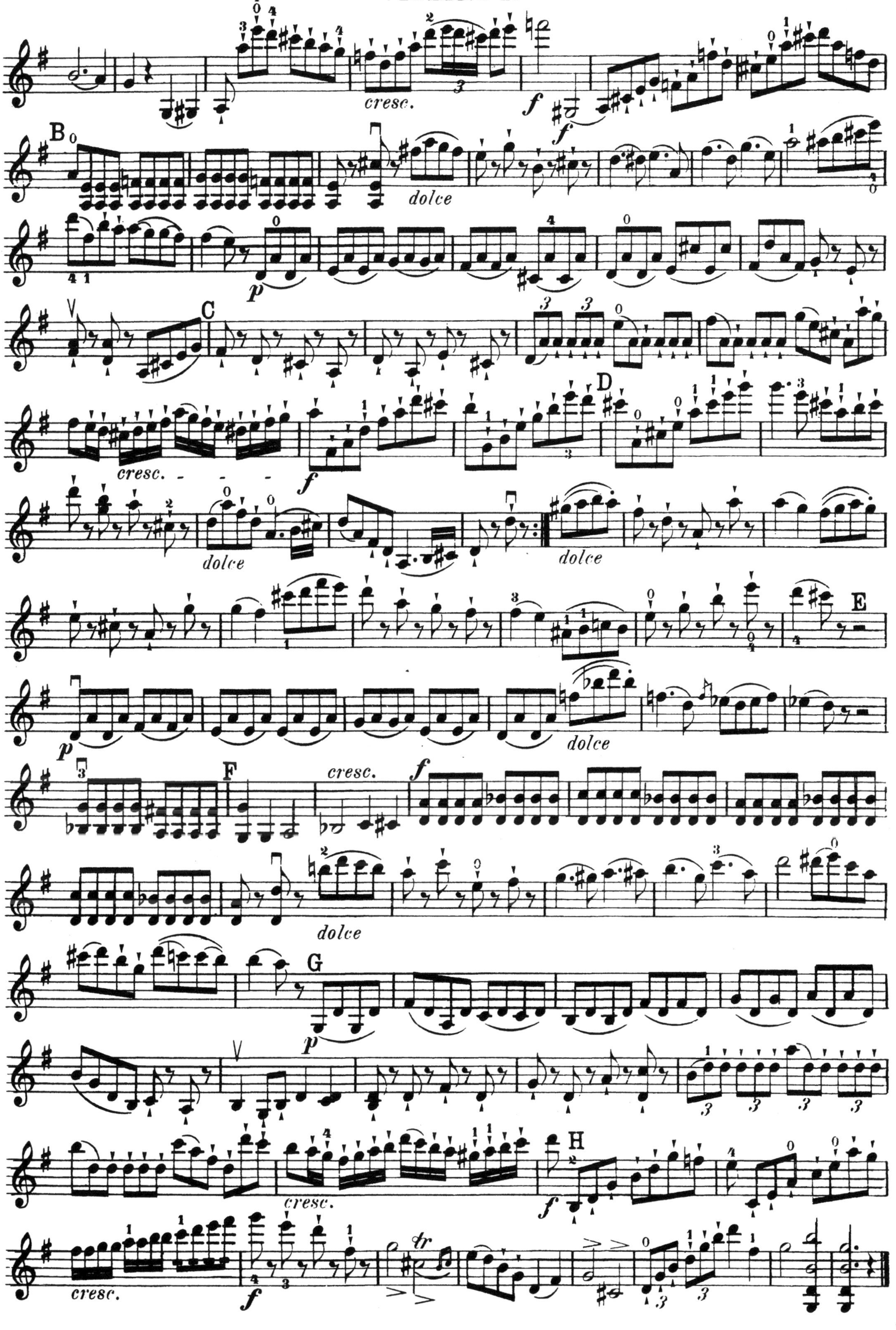
cresc.
f
f
B
dolce
p
C
D
cresc.
f
dolce
dolce
E
p
dolce
F
cresc.
f
dolce
G
p
cresc.
H
f
cresc.
f
tr

VIOLINO I.

ROMANCE.
Andante grazioso. ♩= 144.
dolce
p
I
dolce
p
p
K
dolce
C
p
POLONAISE.
Moderato. ♩= 80.
grazioso
p
L
graz.

M
p
cresc.
f
Trio.
mf
1.
2.
grazioso
p
N
graz.
O
p
cresc.
f

⊓ = Herunterstrich - *Down bow* - Tirez.
V = Heraufstrich - *Up bow* - Poussez.

VIOLINO I.

F. Mazas, Op. 60.

VIOLINO I.
Andante grazioso.
dolce
p
A
mf
dim.
p dolce
B
fz
fz
p
p
dim.
pp
Allegretto moderato.
p
A
f
mf
fz
fz
dimin.
B
p
dim.
p
p

VIOLINO I.

Allegro moderato.
2.
mf
A
f
p dolce
fz
1.
2.
mf
fz
f
p
B
p dolce
fz
f
Andantino.
dolce
p

A
p
mf
dimin.
p
ritard.
a tempo
dolce
mf
p
cresc.
f
pp
RONDO.
Allegretto.
fz
B
C
dimin.
ff

VIOLINO I.

Allegro moderato.
3.
mf
dolce
mf
A
p
cresc.
f
p
cresc.
B
f
f
p dolce
cresc.
f
f
mf
p
cresc.
f

VIOLINO I.

C
mf
dolce
mf
p
D
cresc.
f
cresc.
ff
f
Andantino.
p grazioso
p
A
p
dolce
p
a tempo
pp
ritard.
p
dim.
pp

VIOLINO I.

Tempo di Minuetto.
f
dolce
f
1.
2.
f
dolce
f
fz
A
f
p dolce
cresc.
f
1.
2.
CODA.
ff
Allegro risoluto.
4.
f
dolce
cresc.
fz
A
fz
p
cresc.
f
p

VIOLINO I.

cresc.
B
dolce
f
fz
p
cresc.
f
fz
p
fz
p
f
f
(1 3 2 2)
(2)
p
C
dolce
f
p
ritard.
a tempo
f
cresc.
fz
fz
f
D
dolce
p
fz
p
fz
p
f

VIOLINO I.

MARCHE.
Moderato.

C
f
cresc.
f
f
p
f
Andantino.
5.
dolce e grazioso
p
A
dolce
fz
p
cresc.
f
dimin.
B
p
dolce

VIOLINO I.

VIOLINO I.
RONDO.
Allegretto.
p
A
f
fz
fz
dolce
f
B
p
f
p
p
C
dolce
p
D
f
fz
fz
ff

VIOLINO I.

Allegro moderato.
6.
dolce
fz
f
A
p
dolce
B
cresc.
f
mf cresc.
ff
1.
dim.
dolce
2.
dim.
C

dolce
D
cresc.
f
f
p
cresc.
E
f
f
f
dolce
f
f
f
ROMANCE.
Andante.
dolce
p
A
p
mf
p dolce
p

VIOLINO I.

RONDO.

Allegretto quasi Andante.

Kalmus